Marc Riboud

HUANG SHAN

Chinas magischer Gipfel

Mit einer Einführung von François Cheng

HOFFMANN UND CAMPE

DIE BILDER DIESES BUCHES

WURDEN MIT LEICA KAMERAS UND LEICA OBJEKTIVEN AUFGENOMMEN.

DAS PROJEKT WURDE UNTERSTÜTZT DURCH Leica

ISBN 3-455-08362-5

DIE ORIGINALAUSGABE ERSCHIEN UNTER DEM TITEL

«CAPITAL OF HEAVEN» 1989 BEI DOUBLEDAY, NEW YORK

AUS DEM FRANZÖSISCHEN: ILONKA BERTHEAU

PRINTED IN SWITZERLAND BY JEAN GENOUD, LAUSANNE

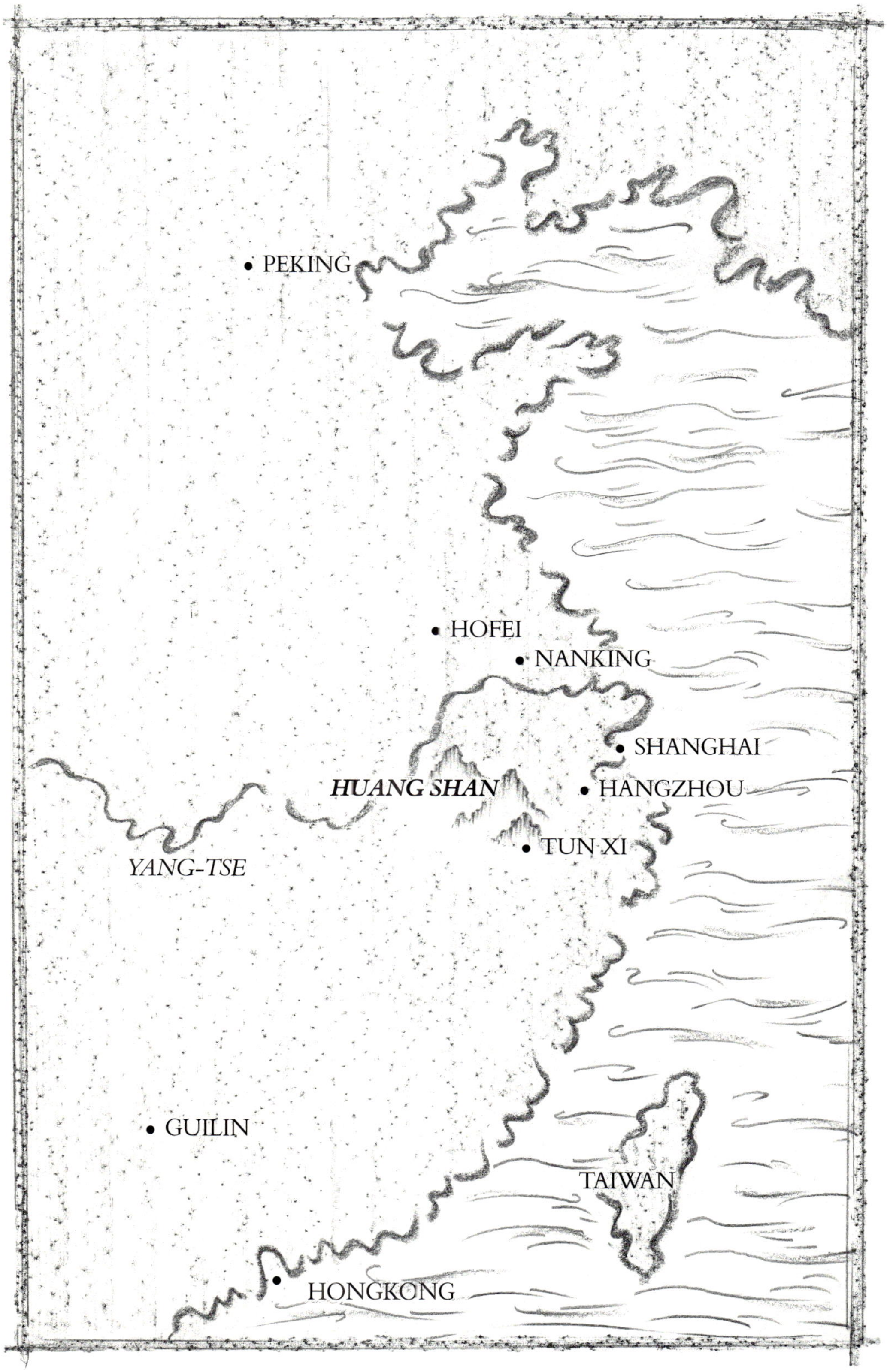

Der Huang Shan auf dem rechten Ufer des Yang-tse ist der Berg der Maler und Dichter.

ZERSCHLAGENES LAND, BERGE UND FLÜSSE BLEIBEN.

TU FU, 8. JAHRHUNDERT

Hung Jen, 8. Jahrhundert, Kiefern und Felsen am Berg Huang.

BESINGEN WIR UNTER ALLEN BERGEN CHINAS DEN HUANG SHAN. *In der Tat auserwählt unter allen ist diese im Herzen Chinas gelegene Gebirgskette. Mit ihrer herrlichen, zugleich harmonischen und kontrastreichen Landschaft; mit dem wundersamen Dialog, den die Kiefern, begleitet vom Echo der Quellen und Wasserfälle, mit den verläßlich oder abenteuerlich geformten Felsen führen; mit ihren immer gegenwärtigen Nebeln und Wolken, die in betörenden Farbschattierungen und mannigfaltigen Bewegungen den Berg mit dem Nimbus immer neuen Geheimnisses umgeben; schließlich mit allen Mythen, die mit dieser Heiligen Stätte verknüpft sind, zu der durch die Jahrhunderte legendäre Gestalten und die vorzüglichsten Maler und Dichter gewandert sind, verkörpert sie recht eigentlich das Beständigste und Tiefste des chinesischen Traumes.*

Hier mag sich zunächst die Frage stellen, was denn in den Augen der Chinesen der Berg bedeute? Um sie zu beantworten, müssen wir kurz an die chinesische Kosmologie erinnern: Der uranfängliche Geist, der aus dem ursprünglichen Leeren strömt, teilt sich in den Lebensgeist Yang und den Lebensgeist Yin, die durch ihre andauernde Wechselwirkung das Zusammenspiel der Zehntausend Wesen der erschaffenen Welt lenken. Yang, das Prinzip der aktiven Kraft, und Yin, das Prinzip der empfangenden Sanftmut, verkörpern sich auf unterschiedlichen Ebenen des lebendigen Universums in Wesen, die Paare bilden. So paart sich der Himmel – Yang – mit der Erde – Yin –; im Himmel paaren sich ihrerseits die Sonne – Yang – mit dem Mond – Yin –, auf Erden der Berg – Yang – mit dem Wasser – Yin – usw. Es handelt sich bei solchen Paaren nicht um einen strengen und feststehenden Gegensatz. Dank dem Leeren in der Mitte und die dadurch bewirkte Spannung ziehen sich die beiden Wesen an und vervollkommnen sich in Harmonie. Sie befinden sich in einem Zusammenhang wechselseitigen Werdens. Jedes Wesen, begabt mit seiner eigenen Yin- oder Yang-Natur, ist angehalten, das andere anzuregen und so die Eigenschaften des Partners zu erlangen. So daß im Idealfall das Yang Yin und das Yin Yang einbegreifen soll. Wie bei Mann und Frau, die ein Paar bilden, dem Mann weibliche, der Frau männliche Kräfte zu eigen sein sollen, ist beispielsweise der Berg nicht vermauert in seiner Yang-Natur. Denn er vergißt nicht, daß er anfänglich «erstarrte Woge» war, und eignet sich unaufhörlich Eigenschaften des Wassers an. Und zeigt sich nicht das Wasser, ursprünglich Yin, des Yang fähig, wenn es sich in die mächtige Woge verwandelt? So bildet die vordergründig festgelegte Natur ein dynamisches Ganzes in ständigem Werden. Wir wollen aber betonen, daß der Berg unter allen Wesen ein besonderes darstellt, denn er besitzt eine Art Vollkommenheit in sich selbst. Vornehmlich Yang durch seine Felsen und Spitzen, ist er nicht ohne Yin dank seiner Quellen und Wasserfälle. Und vor allem birgt er in seinem Schoß Nebel und Wolken, die ihn unaufhörlich geheimnisvoll sich verwandeln lassen. Tatsächlich ist in chinesischer Vorstellung die Wolke, indem sie zugleich Verdichtung des Wassers und Bergform ist, in hervorragender Weise eine «Leere in der Mitte», die an beiden Naturen teilhat. Der Berg, dessen Flanken Nebel und Wolken baden, scheint bereit hineinzutauchen, um sich im Wasser aufzulösen, wie das Wasser bereint scheint, als Berg emporzusteigen. So läßt der Berg in sich selbst einen fundamentalen und beispielhaften Kreislauf Wirklichkeit werden.

Die Weisen und die Künstler Chinas, die mit so viel Inbrunst danach strebten, mit dem Berg zu kommunizieren, haben dies begriffen. Sie verlieren sich gern im Herzen der «tausend Spitzen und zehntausend Höhlen», und gewiß bewundern sie auch die und jene schöne Gegend, aber vor allem suchen sie die lebendigen Kraftquellen, die nämlichen, die das Universum beseelen, die Erde mit dem Himmel verbinden und, nach einem taoistischen Traum, Unsterblichkeit verleihen. Es erstaunt nicht, daß das Schriftzeichen für «Unsterblicher» aus den Zeichen «Mensch» und «Berg» zusammengesetzt ist. Und das Wort in seiner Gänze ist sinnbildlich für eine tausendjährige, authentisch gelebte Weisheit.

Im 8. Jahrhundert hielt sich Li Po, der große Dichter der T'ang-Dynastie, viel in den Bergen auf. (Seine Anwesenheit auf dem Huang Shan wurde Anlaß für eine schöne Legende, die wir später erzählen wollen.) Er suchte die Begegnung mit Einsiedlern, er wollte eins werden mit der Schöpfung. Kein einigermaßen bekannter Berg in China, auf dem er nicht seine Spuren hinterlassen hätte. Seine reiche Erfahrung faßte er zusammen in einem berühmten Vierzeiler mit dem Titel «Einem Freund, der mich fragt»:

Warum im Herzen dieser grünen Berge verweilen?
Ich lächle heiteren Herzens, ohne zu antworten.
Pfirsichblüte, mit der Welle treibend: geheimnisvolle Bahn...
Himmel-Erde, eine andere Welt, nicht die der Menschen!

Die chinesischen Maler ihrerseits, die zu allen Zeiten den Berg abgebildet haben, schaffen unermüdlich immer neu einen Weltenraum, in dem sich das Endliche mit dem Unendlichen vereint.

In dieser kosmologisch-künstlerischen Tradition nimmt der Huang Shan einen bevorzugten Platz ein. Auch andere Berge sind vielbesuchte Heilige Stätten, namentlich die Fünf Heiligen Berge an den fünf wichtigsten Punkten Chinas. Aber im Huang Shan im Herzen des weiten Landes der

Mitte vergegenwärtigt sich dieser Punkt der Ausgewogenheit, wo der Norden dem Süden begegnet, wo der Yang-tse, der von Westen nach Osten strömt und in diesem Landstrich eine sternengleiche Ansammlung von Seen füllt, zum Entstehen einer großartigen Landschaft beiträgt.

Diese so typische Landschaft des Huang Shan, ständig gebadet in farbige und bewegte Nebel, verkörpert das Ideal chinesischer Malerei. Man bewertet eine gut ausgeführte Landschaftsmalerei gern, indem man sagt, sie sei « wirklicher als die Natur ». Hier im Schoß des Huang Shan ruft der überwältigte Besucher regelmäßig aus: « Aber das ist wirklicher als die chinesische Malerei ! » Und wirklich sind diese gemalten Landschaften häufig so ätherisch, gleichsam irreal, daß sie den Eindruck vermitteln, sie seien aus der reinen Einbildungskraft der Künstler hervorgegangen. Der Huang Shan ist einer der Orte, die diesen Eindruck widerlegen. Seit je hat er die Maler inspiriert; aber mit Beginn des 17. Jahrhunderts, mit dem Sturz der Ming-Dynastie, ist er aus der Malerei nicht mehr wegzudenken. Damals hielten sich einige hervorragende Maler – Hung Gen, Mei Ts'ing, Shih T'ao, Kun Tsan usw. – für mehr oder weniger lange Zeit hier auf und begründeten eine Malschule. Seitdem ist der Huang Shan zu einer Heimstatt der Künste geworden. Hierher kommen sie, um die nötige Kraft und Inspiration für jede Erneuerung zu schöpfen. Huang Pin-hung, Chang Ta-chien, Fu Pao-shih, um nur die großen Namen der Moderne zu nennen, sind ihm leidenschaftlich verfallen. Nach der schrecklichen Periode der Kulturrevolution konnten die Maler einmal mehr nirgends besser als hier Hilfe finden in ihrem Versuch, an die große Tradition der Vergangenheit anzuknüpfen. Ein fast pathetisches Bedürfnis drängt Hunderte, wenn nicht Tausende wieder und wieder, die Wallfahrt zum Huang Shan anzutreten.

Der Huang Shan erhebt sich aus der zentral gelegenen Provinz An-Hui, unmittelbar südlich des Yang-tse. Eine Vielzahl von Bergen bilden die ungeheure Gebirgskette; zweiundsiebzig hebt die Überlieferung hervor. Inmitten dieses eindrucksvollen Ganzen ragen einige zwanzig Gipfel mit steilen Wänden und tiefen Rinnen. Die drei höchsten, alle über 1800 m, sind die Himmlische Stadt im Süden, der Blühende Lotos mehr im Westen und die Leuchtende Spitze im Norden. In dies Dreieck fügen sich zwei weitere weniger hohe Spitzen mit ausgedehnten Baulichkeiten, die Wanderer zu empfangen: der Jadewandschirm zwischen Himmlischer Stadt und Blühendem Lotos und die Weiße Gans im Bereich der Nördlichen Meere. Durch Wege untereinander verbunden, bilden diese fünf Spitzen im Herzen des Huang Shan eine Konstellation mit rundum schwindelerregenden Ausblicken. Der Berg, der lange Zeit ein behütetes Paradies war, offen nur für die Sammler der kostbaren

Heilpflanzen und für die, die ihn leidenschaftlich liebten, ist heute leicht zugänglich. Durch das südliche Tor, das ein ungeheuer Bogen verschließt, gelangt man in das Massiv. Auf einer befahrbaren Straße kommt man bald, in 600 m Höhe, in den Bereich der Heißen Quellen; dort stehen die ältesten Unterkünfte. Und schon hier packt den Besucher unweigerlich die Atmosphäre dieses tief gelegenen Teils des Huang Shan mit seinem frischen Grün, dem Blütenduft und dem Lied der Quellen. Der Pfirsichbaumfluß fließt durch das Tal, die beiden Berge Purpurwolken und Pfirsichblüte geben ihm das Geleit.

Nicht weit von den Gebäuden, rechts, vom Pavillon der Beschaulichkeit aus, sind der Steilhang Tausend-Klafter und der Wasserfall Neun-Drachen zu bewundern. Und links geht vom Aussichtsturm der Blick auf den Steilhang Zeichen-des-Menschen. Weiter am Fluß entlang, wird man plötzlich von einer eigenartig kristallhellen Musik angelockt. Sie rührt von dem Wasserfall Gezupfte-Gitarre. Das Wasser fällt auf einen leicht geneigt liegenden Stein und erzeugt die melodischen immer wechselnden Klänge. Diese uralte Musik versetzt uns sogleich in das 8. Jahrhundert des großen Dichters Li Po (dessen Vierzeiler wir oben zitiert haben), sie lädt uns ein, uns mit ihm zu identifizieren. Es wird erzählt, daß Li Po, als er zum Huang Shan kam, vor diesem Wasserfall haltmachte. Auf einem ungeheuer großen Felsen in der Nähe ließ er sich nieder. Von der Musik eingewiegt, begann er Wein zu trinken und Gedichte zu psalmodieren. Trunken streckte er sich auf dem Stein aus. Der Becher fiel um, und der Wein überströmte und berauschte den Fels. In Erinnerung an dies Ereignis wurden die zwei Schriftzeichen für «Betrunkener Fels» in den Stein eingraviert.

Wenn der Besucher ein wenig weitersteigt, wird er von einem grandiosen Bild gefesselt. Über alle Vegetation, Nebel und Wolken zerreißend, erheben sich in der Ferne hohe granitene Spitzen in den gegensätzlichsten Formen und Farben: die Himmlische Stadt, der Blühende Lotos und zwischen ihnen der Jadewandschirm. Von da kann der Besucher sich nach Westen zum Jadewandschirm wenden oder auch nach Osten zum Tempel des Wolkentales — hier beginnt eine Seilbahn, die zur Weißen Gans hinaufführt, in deren Schutz der Pavillon der Nördlichen Meere steht. Diese drei Bereiche, Heiße Quellen, Jadewandschirm und Nördliche Meere, sind bewirtschaftet, von hier aus kann der Besucher den Huang Shan erwandern und, sei es auch nur ein wenig, in sein Geheimnis eindringen.

Der Pavillon des Jadewandschirm, der sich in 1680 m Höhe in eine Wölbung der Spitze schmiegt, ist ein Tempel aus alter Zeit, der einst viele berühmte oder unbekannte Gäste willkommen hieß. Die Bergwand, auf der er steht, ist aus gehäuften glatten Steinen gebildet, die harmonisch ineinandergefügt sind wie Blütenblätter aus Jade. Sie erinnern an einen dieser alten chinesischen Wandschirme, in die reliefartig aus Glimmer- oder Jadestückchen Motive und Szenen voller Lebendigkeit eingelegt waren. Betrachtet man den Pavillon von fern durch einen leichten Nebel, mag man sich leicht vorstellen, Gestalten, die sich einst hier aufgehalten haben, kämen aus ihrer Zurückgezogenheit hervor und setzten ihre Begegnungen und Wanderungen außerhalb der Zeiten fort.

Nicht weit hinter dem Pavillon des Jadewandschirm liegt einer der kleinen Seen des Huang Shan, ein klarer Spiegel in sich wandelnder Färbungen, je nach der launischen Bewegung der Wolken und des zitternden Schattens der Kiefern rundum. Wie sollte man hier nicht betroffen sein von der duftenden und rauschenden Nähe dieser berühmten Kiefern des Huang Shan, deren stolze oder gekrümmte Silhouetten sich gegen den leeren Raum abzeichnen? Einige schwingen sich wahrhaft als Herren der Stätte auf mit dem Gebärdenspiel eines tausendjährigen Zeremoniells: die Kiefer «Empfängt-die-Gäste», die Kiefer «Gebetskissen» usw.

Und nach den Kiefern drängen schon die schwarzen Massen der granitenen Felsen herzu in fantastischen Formen und mit den anschaulichen Namen: der Fels Eichhörnchen; der Fels Unsterblicher; der Fels Pfau-spielt-mit-Lotos usw. Immer weiterwandernd, kommt man schließlich zu dem mit Recht berühmten Felsen Im-Fluge-von-anderswo-gekommen. Auf dem flachen Abschluß eines Steilhangs erhebt sich senkrecht ein wie der schiefe Turm von Pisa gefährlich geneigter Fels, 12 m hoch und 360 Tonnen schwer. Überbleibsel der Eiszeit, wie all die anderen Felsen, liegt er hier in ewig «vorläufiger Positur», gleich einem vor dem Weiterflug rastenden Riesenvogel.

Hier nun machen wir auf eine Besonderheit von tiefer Bedeutung aufmerksam: Am Huang Shan gehen die Kiefern mit den Felsen eine innige Verbindung ein; sie halten nicht nur zusammen, sie sind unzertrennlich. Tatsächlich wachsen viele Kiefern aus dem Stein selbst. Indem sie sich mit verblüffender Kraft der harten Fessel entwinden, scheiden die Wurzeln eine Säure aus, die den Stein verwittern läßt und in eine Art Humus verwandelt. Trotz der Winde und Stürme halten sie stand. So kommt es zwischen Kiefern und Felsen mit der Vielfalt ihrer Posituren und ihren wechselreichen Beziehungen zu einem nie ermüdenden Spiel der Kräfte. Hier die Felsen mit den malvenfarben hellen oder schwarz glänzenden Tönungen; die einen streng, wachsam ernst, die anderen fast zärtlich, gerundet wie Brüste; da die silber- und smaragdfarbenen Kiefern, bald mit schlank nach oben geöffneten Armen, bald stehen sie gekrümmt und spielen mit den Schatten. Die Chinesen sind empfänglich für das Formenspiel dieser beiden mineralischen und pflanzlichen Spezies, aber noch mehr sind sie es für den essentiellen Dialog, den diese in gegenseitigem Einverständnis anspinnen zwischen ihrem Verwurzeltsein in der Erde und dem Aufschwung zum Himmel hin, zwischen Kraft und Grazie, einem Dialog, an dem der menschliche Geist zutiefst Anteil nimmt. Wir haben von diesem Kreislauf wechselseitigen Werdens anläßlich der chinesischen Kosmologie gesprochen. Und sagt nicht ein vom Taoismus inspiriertes Gedicht:

Fels treibt den Baum
Baum atmet Fels
Offener Kreis bindet wieder Erde-Himmel
Offener Kreis bindet wieder dreigestaltiges Mysterium
Mensch irrt umher und im angebotenen Schatten
Gründet er endlich sein Reich.

Der Tourist, der im Pavillon des Jadewandschirm wohnt, ist an Ort und Stelle, um nun die Himmlische Stadt und den Blühenden Lotos zu besteigen, denn diese wunderbarsten Berge des Huang Shan stehen zu beiden Seiten des Jadewandschirm. Mit Muße kann er vor dem Aufstieg dies Gipfelpaar betrachten, das zwei hohen Türmen einer unsichtbaren Kathedrale gleicht. Der eine hüllt sich majestätisch und von der Zeit gedunkelt in sein hochmütiges Steigen; der andere entfaltet sich flammend purpurn und von Furchen zerfressen in riesigen Garben.

Der Besucher, der nur eine Spitze besteigen kann, wählt ohne Zögern die, von weitem gesehen, schwindelerregendere Himmlische Stadt. Von unten schon sind die Tausenden von Stufen zu erkennen, die, mit Steinplatten belegt oder direkt in die Wand gehauen, als unendliche getüpfelte Linie Abstürze und Felsen durchschneiden. Sie sind das Resultat harter und gefahrvoller Arbeit von Generationen. Wer im Gänsemarsch diese Stufen hinaufwandert, glaubt wohl, er übernehme von allen Vorgängern eine Fackel, die er nun weiterreicht an die, die nach ihm kommen. Die gefährlichste Wegstrecke ist ein langer, schmaler, senkrecht stehender Fels, der Karpfenrücken, den nur einer zur Zeit passieren kann. Neben den Stufen hängen lockere Eisenketten. An sie klammert sich der Kletternde und kann, behindert, wie er ist, dem tiefen Blick hinab in die Abgründe nicht ausweichen. In gewisser Weise erhält er hier seine Weihen; denn indem die Schwingung der Erde, die der des Kosmos eingebunden ist, ihn beben läßt, fühlt er sich körperlich eins mit dem Huang Shan. Und welche Belohnung dann auf dem Gipfel: der ganze Huang Shan auf einmal! Und er mag den Genuß wiederholen auf dem Blühenden

Lotos und auf der Leuchtenden Spitze – diese drei, wir sagten es, sind die Höhepunkte des Huang Shan.

Heutzutage gelangt man mit der Seilbahn rasch zum Pavillon der Nördlichen Meere. Die Unterkünfte stehen auf einem Hochplateau zwischen den drei Spitzen Weiße Gans, Leuchtende Spitze und Kauernder Löwe und öffnen den Zugang zu einer Reihe außergewöhnlicher Gegenden. Am bekanntesten ist der Berg Jetzt-glaube-ich-es. Wie sein Name andeutet, hat man von diesem Vorgebirge die prächtigste Fernsicht auf ein Gewimmel von Bergen, die in ihren packenden Formen miteinander wetteifern. Dort liegt der Berg Bambussprosse mit seinen riesenhaften Stalagmiten, einem wahren Wald von granitenem Bambus, in dessen Mitte die Chinesen die Erscheinung der Achtzehn-Buddhas-die-das-Südliche-Meer-grüßen zu erkennen glauben. Etwas weiter kommt der Wanderer in eine besonders blumenreiche Gegend. Aus der dichten Vegetation steigt ein hoher Felsen senkrecht hinauf, und auf ihm steht eine schöne einsame Kiefer. Wie könnte dies heitere Bild, das zu allen Zeiten die Dichter inspiriert hat, anders heißen als Blüte-springt-aus-Traumpinsels-Spitze. Manch andere eigenartige Kiefer drängt sich ins Bild, alle in Symbiose mit dem Fels: Schwarzer-Tiger; Ruhender-Drache; Einhorn; Unzertrennliche-Liebende usw. Noch weiter gelangt man in einen dichten Kiefernwald, dessen rauschendes Wogen man weithin hört. Hier, im Schoß einer noch wenig vergewaltigten Natur, besinnt man sich darauf, welch reichen Vorrat an Blumen, Gewächsen, Vögeln und seltenen Tieren der Huang Shan beherbergt. Der Ginkgo, die Actinida, der Feuerschwamm sind für ihre Heilkräfte und als Aphrodisiakum bekannt. Fasane, Damwild, Affen tragen ihre «exotische» Note bei. Zwei Vogelarten aus der ganzen Vielfalt seien besonders erwähnt: die melodisch singende «Oktave», die ihren Namen einem erstaunlichen Stimmumfang verdankt; und «Liebeskummer», der früh im Frühling und spät im Herbst sich hier aufhält, denn der Huang Shan liegt auf einer der großen Wanderrouten des Globus.

Aber die «große Sache», die den Besucher in dieser Gegend der Nördlichen Meere nicht mehr losläßt, ist das immerwährende Schauspiel der Nebel und Wolken. «Nördliche Meere»: Der Name spielt eben auf die Wolkenmeere an, die hier wie bei den Östlichen, den Westlichen und den Südlichen Meeren die Berge des Huang Shan buchstäblich in treibende Inseln verwandeln. Ja, am Huang Shan sind Nebel und Wolken mit den Bergen in einem solchen Grade eine Verbindung eingegangen, daß der Besucher wähnen mag, die Berge wären nur augenblicklich verfestigte Wolken, oder die Wolken ihrerseits wären Berge in flüssigem Zustand! Farbigkeit und steter Wandel verstärken die Illusion.

Purpurn oder lasurblau, durchglänzt, angetuscht oder umgeben von einem hellen Lichthof, haben sie ihre Palette eingestimmt auf die der Felsen und der Vegetation. Man sieht, wie sie vom Tal zum Gipfel hinauftreiben, sich an den Bergen hinentwickeln und sie einbeziehen in einen Prozeß immerwährender Verwandlung. Als vollzöge man ein heiliges Ritual, tritt man vor Morgengrauen auf die hochgelegene Terrasse oder steigt auf den Berg Kauernder-Löwe, um zu sehen, wie die aufgehende Sonne die Wolkenfluten zerreißt; und unweigerlich wendet man sich am Abend nach Westen und schaut vom Aussichtspunkt Brandende-Wolken der Sonne nach, die von den schäumenden Wogen davongetragen wird. In diesen Stunden, wenn die Silhouetten der Berge, der Kiefern, der Felsen im Vordergrund – Affe-betrachtet-den-Ozean; Göttin-schenkt-Blumen; Unsterblicher-trocknet-seine-Schuhe – plötzlich erstarrt sind, scheint die Natur selbst wie betäubt. Man wird des Schauspiels mit seinen steten Wechseln der Lichter und Gestalten nicht müde.

Die Nebel, die Wolken zu beschreiben fehlen uns die Worte. Wir betonen nur noch einmal, welch tiefe Gefühle die Chinesen für sie hegen. Dieser ungreifbare und flüchtige Stoff erscheint ihnen als fleischgewordene Materie, zu der sie eine gleichsam sinnliche Beziehung haben. Heißt es nicht bei den Dichtern: «schlafen im Schoß der Nebel und Wolken» oder «Nebel und Wolken liebkosen»? Und die Tao-Meister raten, wir möchten uns von «Nebel und Wolken nähern». Am Huang Shan halten Nebel und Wolken uns den ganzen Tag in Atem, ob wir darauf warten, daß sie auftauchen, oder traurig sind, weil sie plötzlich verschwanden. Gern lassen wir uns einhüllen von ihrem seidigen, wattigen Körper mit dem Duft des feuchten Sandelholzes. Ziehen sie wieder, lassen sie uns verblüfft und betört von ihrer leuchtenden Erscheinung stehen; es ist mehr als bloße Unterhaltung, es ist ein wirkliches Liebesspiel.

Den vielfältigen Bergen mit ihren kostbaren Pflanzen und seltenen Tieren, den Felsen und Kiefern in ihrem ungewöhnlichen Zwiegespräch, den Nebeln und Wolken verdankt der Huang Shan seine Aura von Mysterium und unwiderstehlicher Faszination. Er steht in tiefem Einklang mit der Empfindungskraft und Vorstellungswelt der Chinesen – so sehr, daß der Maler Zao Wou-ki seinen Freunden aus dem Westen, die begierig sind, das Wesen der chinesischen Landschaft zu begreifen, versichert: «Solange ihr nicht zum Huang Shan gewandert seid, kennt ihr die chinesische Landschaft nicht!» An mancher Gegend des Berges scheinen ihnen die Mythen, die sie in sich tragen, lebendig geworden, und so wird ihnen der Huang Shan zum Ur-Ort der Mythologie. Wir konnten schon sehen, daß die Namen für Quellen, Kiefern, Felsen und dergleichen sehr beredt an Mythen und Legenden erinnern, die aus der gemeinsamen Vorstellungswelt geboren sind. Kein Name bis hin zum Huang Shan selbst, der nicht eine Urgestalt anriefe. Huang Shan bedeutet «Gelber Berg». «Gelb» bezieht sich auf den Gelben Kaiser (um 2700 v. Chr.), den Ahnherrn der chinesischen Rasse und Gründer des chinesischen Reiches. Nach der Legende wählte er nach einem langen Leben und vollendetem Werk den Huang Shan zu seinem letzten irdischen Aufenthaltsort. Hier, auf der Terrasse des Alchimieberges, stellte er mit zweien seiner Getreuen geduldig den Zinnober der Unsterblichkeit her. Sobald die Pillen fertig waren, aß er davon neunundvierzig. Dann nahm er sieben Tage und sieben Nächte ein reinigendes Bad in den heißen Quellen, trank eine letzte Schale klaren Tau und stieg auf dem Rücken eines Drachen zum Himmel auf.

Es ist leicht zu verstehen, daß die Chinesen mit einer solchen Legende zum Bürgen ihrer Einbildungskraft freien Lauf gelassen und tausend Winkel des Huang Shan mit weiteren Mythen und Legenden bevölkert haben (nahezu hundert sind in eine neuere Sammlung aufgenommen). Durch die Jahrhunderte haben sie diesen bevorzugten Ort mit Gestalten besetzt, die sie geträumt oder die wirklich gelebt haben. So hat sich der berühmte König-Affe Sun Wu-k'ung auf seinem Weg über den Huang Shan auf dem Berg Pfirsichblüte in der Grotte hinter dem Wasserfall aufgehalten. Aus Mitleid mit den durstigen Bergsteigern legte er die Pfirsiche, die er der Göttin Dame-des-Westens gestohlen hatte, auf den Berg Wunderwirkende-Pfirsiche (heute liegen da runde Steine in Pfirsichform). So ist der Felsen Goldener-Hahn-schreit-vor-dem-Himmelstor der beharrliche Zeuge einer Liebestragödie. Der Goldene-Hahn war ein junger Mann mit Namen Chuan-ko. Seine strahlend schöne Verlobte Yin-mei wurde von einem eifersüchtigen Gott umworben und schließlich entführt; Goldener-Hahn überwand alle Hindernisse und verfolgte sie bis vor das Himmelstor, hinter dem seine Geliebte eingeschlossen war. In einen Hahn verwandelt, schreit er ewig seine Liebe gegen diese unüberschreitbare Schwelle. Seine blutigen Tränen werden zu den roten Azaleen, mit denen der Huang Shan übersät ist. Diese Legenden mögen naiv erscheinen. Wir sollten sie aber nicht belachen, sondern bedenken, daß sie entstanden sind, weil sie lebensnotwendig waren, und daß die Chinesen mit diesen Legenden dem Huang Shan ihre uneingestandenen Gefühle anvertrauen und die Fülle ihrer Liebe zu geben versuchen. Zahllose Jungverheiratete kommen nach der Hochzeit auf diesen Zauberberg; und viele auch, die an der Liebe verzweifelt sind, begehen hier Selbstmord. Die Verliebten und Geliebten sind überzeugt, daß sie inmitten dieses Ortes der Glückseligkeit einen zeitlosen Traum erfüllen. Die unglücklich Liebenden töten sich in der Überzeugung, damit frei von Gewissensbissen zum Ursprung zurückkehren zu können.

So wird im Herzen Chinas der Huang Shan dem chinesischen Menschen zur Wunder wirkenden Heiligen Stätte, wo alle Sehnsüchte wachsen können und der zugleich Gegenstand der reinen Sehnsucht selbst ist. Am Huang Shan angelangt, spürt jeder Chinese auf seltsame Weise, daß er «seinen Ort und seine Mitte» wiedergefunden hat und «seinem Ziel» nahegekommen ist. Auch wenn er nur kurze Zeit hier verweilt, erfährt er eine leidenschaftliche Liebe, die über ihn hinauswächst, spürt er das in hohem Grad Gegenwärtige eines Seins, das doch verzweifelt unerreichbar ist, voll greifbarer Schönheit und beladen mit unüberwindlichen Mysterien, Anziehung und Flucht, Enthüllen und Verbergen... Wen wundert es, daß in allen Zeiten Dichter und Maler im Huang Shan eine verzaubernde weibliche Gestalt sehen, die die Fantasie gefangenhält und befruchtet.

Das Bild des jungen Mädchens erinnert uns schließlich an eine Berühmtheit des Huang Shan, mit Namen Ch'a-nü-hung (Pflückerin in Rot). Anders als der Name vorgibt, handelt es sich um einen grünen Tee. Seine getrockneten Blätter erscheinen winzig klein, aber wenn man sie aufgießt, entfalten sie sich in der Tasse zu anmutigen Gestalten und gleichen im durchscheinenden Dampf jungen Mädchen, die im rosigen Morgenlicht Teeblätter pflücken. Ich trank diesen Tee zum ersten Mal eines Nachmittags, als ich nach einem langen Aufstieg auf die Höhe der Leuchtenden Spitze kam. Ich war ganz klamm nach einem heftigen Regenguß und wurde von den Leuten der Wetterstation empfangen, die sich da oben befindet. Sie boten mir den Tee an, der mit Quellwasser zubereitet war und der einen köstlichen Duft verbreitete. Während wir ihn tranken, bewunderten wir die frisch gewachsene Landschaft: Nach Süden zu waren die Himmlische Stadt und der Blühende Lotos von leuchtenden Wolken gekrönt. Plötzlich rief einer: «Schaut!» Und alle sahen nach Nordwesten, wo der Nebelschleier von einem Ende zum anderen zerriß, und ein Regenbogen wurde sichtbar, der sich von einem Berg zum andern hinüberwölbte. Durch den Bogen konnte man sehr fern, sehr tief unten, jenseits der wogenden Hügel und ausgebreiteten Felder, ein Wasser sehen, das in den Strahlen der sinkenden Sonne schimmernd nach Osten floß. Das war der Yang-tse, der uns fraglos mit seinem unerforschlichen Strömen die andere Seite des Lebens ins Gedächtnis rufen wollte, unser Erdendasein, durch das allein ja in Wahrheit es uns vergönnt ist, nach einem wie immer gearteten himmlischen Mysterium zu streben, dessen erlesener Vermittler der Huang Shan sein sollte. Lange blieben wir stumm, bewegt von so viel Glanz, von dem wir meinten, er müsse fortdauern, und der doch, wir fühlten es schon, vergänglich war.

FRANÇOIS CHENG

仙人桥諸名胜

HUANG SHAN

WANDERTAGEBUCH DES FOTOGRAFEN UND SEIN LOBPREIS DES NEBELS. Sun steht am Rand des Abgrunds. Die Nebel umwogen ihn, hüllen ihn ein. Er verschwimmt vor dem Hintergrund einer Malerei, die zu chinesisch ist, um wirklich zu sein. Ernsthaft ruft er mir zu: «Marc, mach ein Foto von mir, dann kannst du mich in deinen Sarg aufnehmen (unübersetzbares Wortspiel: ‹cercueil› = der Sarg/‹recueil› = die Sammlung).» Dieses Album, diese Sammlung, wie er in seinem fast fehlerfreien Französisch sagen wollte, liegt nun hier vor, und natürlich hat Sun, mein Führer und Dolmetscher am Huang Shan, der vor kurzem die Universität Peking absolviert hatte, darin seinen Platz gefunden.

Zao Wou-ki hatte mich überzeugt, als er mir sagte: «Zum Huang Shan muß man gehen. Erzählen läßt sich das nicht, man muß ihn sehen.» Schon 1965 fiel mir eine Briefmarke auf: Sie war schön wie ein Kupferstich. Ich zeigte sie überall herum mit der vergeblichen Frage: «Ist das ein wirklicher Berg? Wo ist er?» Als ich 1983 schließlich am Fuß des Gebirges stand, erfuhr ich, daß die Provinz infolge einer Hungersnot mit zwei Millionen Toten von den Behörden zwanzig Jahre vorher für Fremde gesperrt worden war. Heute bestellen die Bauern ihr Land. Resultat: zuviel Reis. Aber auch zu viele junge Männer, denn während der Hungersnot, sagt man mir, ließen manche Eltern die Mädchen sterben, um Nahrung für die Buben zu haben. Mah hört viel, während man die Stufen des Huang hinaufsteigt. Als vertrüge die Funktionärssprache die Höhe nicht. «Ein politischer Kommissar steigt da nicht hinauf, der bleibt unten», sagt mir ein junger chinesischer Student im Vertrauen.

Ja, am Huang Shan heißt es zunächst «steigen», Tausende von Stufen hinaufsteigen. Die Anzahl der Stufen wird zur Maßeinheit. 4250 Stufen zum Hotel des Nördlichen Meeres, 2230 Stufen zum Jadewandschirm, 2620 zur Himmlischen Stadt usw. Nahezu hundert Kilometer steinerne Wege und Treppen durchziehen das Massiv. Das geringste Stück ebenen Wegs ist mit Platten belegt wie eine Straße für Könige. Hier wie bei der Großen Mauer die gleiche utopische und vergebliche Hartnäckigkeit. Die Große Mauer, die vom Mond zu sehen ist, hat zu keiner Zeit die Barbaren abgehalten. Uns vom Asphalt der Städte geformten Barbaren erlauben es die Treppen des Huang, seine schwindelerregenden Gipfel ohne die Mühe des Kletterns zu erreichen, indem wir einfach die genau dem Schritt des Menschen angepaßten Stufen hinaufsteigen. Bei jeder Schwierigkeit bietet sich ein Geländer, eine Kette für die Hand; eine Stufe, eine Nische für den Fuß. Immer findet sich ein Halt am rechten Platz, im rechten Moment. Es bedurfte einer Titanenarbeit durch Jahrhunderte, dem Berg diese gut durchdachten

Erleichterungen zu entreißen. Wer hat die Arbeit anbefohlen? Ein Kaiser wie Chin, der Erbauer der Großen Mauer? «Nein», antwortet mir ein Beamter, «die Gebirgler selbst sind es.» – «Ganz von sich aus?» Höfliches Schweigen. Ich erfahre nur, daß 1934 die Witwe eines der Generäle Chiang Kai-sheks die mit einer Kette gesicherte Treppe hinauf zur Himmlischen Stadt in den Fels hat bauen lassen. Heute genügt sie dem Touristenstrom nicht mehr, man hat eine zweite für den Abstieg angelegt. «Gibt es bald Verkehrsampeln?» Die Bergsteiger bei uns sehen beim Klettern ständig auf ihre Füße, hier erreicht der Wanderer dank der Stufen frei von solch zwanghafter Haltung den Gipfel, er läßt sich gehen «im Triumph seiner zufriedenen Muskeln» und «in dieser bebenden Trunkenheit, wenn der ganze Körper seiner selbst froh wird», wie Victor Segalen es so gut gespürt und ausgedrückt hat. Die befreiten Augen dürfen sich der Freude des Schauens hingeben. Jeder Schritt enthüllt mehr vom Gefüge und Hintergrund einer anderen Welt, jede Stufe bringt einen neuen lustvollen Ausblick. Wir sehen das Gebirge oft nur als Feld für Heldentaten und Konkurrenz. Der noch unbegangene Weg, der Sieg über die Gefahr ziehen uns an. Wer den Berg besiegt, scheint uns ein Übermensch. Wer dagegen auf den Huang Shan steigt, betritt Höhen, die vor ihm tausend- und tausendmal betreten worden sind. Nicht um einer Großtat willen kommt er von weither, sondern auf den Spuren der Dichter und Maler. Der Huang Shan war schon vielen gefällig. Die Zeit ist über die abgenützten Stufen dieser alterslosen Treppen geflossen, die allein zum Lobe der Schönheit endlos zu den hohen Vorgebirgen hinaufsteigen. Die Treppe teilt sich, bevor sie die Himmlische Stadt erreicht, ihr einer Lauf verliert sich im Nebel. Führt er in den Abgrund oder zum Himmel? Oder trennen sich hier die irdischen von den Wegen der Träume?

Sun ist zum Glück ganz von dieser Welt und bringt uns auf den richtigen Weg. Ich bin seine erste «Langnase», wie die Dolmetscher ihre europäischen Kunden nennen. Eifrig und unbefangen übersetzt er mir, was er unterwegs an Bemerkungen aufschnappt. Ein Mann aus Shanghai spricht ihn an: «Deine Langnase steigt sicher schneller als wir. Während wir uns mit Gemüsebrühe ernährten, hatte er Rindfleisch zu jeder Mahlzeit.» Suns Kommentar: Das Ende der sowjetischen Hilfe zu Beginn der 60er Jahre und der Slogan «Auf die eigenen Kräfte bauen» führten zu einem Nahrungsmangel, der eine ganze Generation gezeichnet hat.

In der guten Jahreszeit, das heißt in der Zeit der Nebel, sitzt hie und da am Huang Shan aufmerksam und geduldig ein Maler auf einem Stein am Wegrand vor seinem weißen Blatt. Der eine sieht über uns hinweg, ein anderer zeigt uns seine Zeichnungen und spricht begeistert von der neuen

Freiheit. Alle sind stolz, daß sie heute ihre Sujets selbst wählen können. Vor gar nicht so langer Zeit mußten nach Maos berühmter Rede über Kunst und Literatur Intellektuelle und Künstler «dem Volk dienen». Ihre Modelle hatten zu sein: Arbeiter, Bauern und Soldaten, den Blick nach links gerichtet. Sonst wurde der Maler als Rechtsabweichler verdächtigt. Während der Kulturrevolution durfte überhaupt nicht mehr gemalt werden. Es sei denn, um dem Personenkult zu frönen. Stifte und Pinsel verschwanden, wurden versteckt oder vernichtet. Dichtern und Malern wurde der Aufenthalt am Huang Shan verboten. Nur die Roten Garden stiegen hinauf, um Worte Maos in den Stein zu meißeln. Die Gedanken des Großen Steuermannes sollten den Stürmen und der Historie ebensolang trotzen wie der Granit. Sprache der Funktionäre, Sprache der Steine (unübersetzbar: franz. «langue de bois» = Funktionärssprache/Sprache des Holzes und «langue de pierre»). Zehn Jahre später werden sie mit Hammer und Meißel wieder ausgelöscht. «Von wem?» fragte ich. «Von den Massen.» Die vergaßen in ihrer Hast die Punkte und Kommata, die allein nun auf dem Huang Shan von Maos Gedanken zeugen.

Heutzutage kommen zahlreiche Künstler und Kunstliebhaber, Kunststudenten und -professoren hierher. China ist das Land mit den meisten Sonntagsmalern. Man weiß es aus der Zahl der verkauften Pinsel. Erst die Reise zum Berg Huang erteilt ihrem Tun die nötige Weihe. Auf den Spuren ihrer Meister knüpfen sie an die Tradition der Alten an. Die grimmigen Winde und die rätselvollen Nebel auf diesen Höhen können den Weisesten trunken machen. Sie sprechen indessen mit uns nicht nur über Malerei. Sie sind sehr neugierig auf unsere Welt, unser Leben. Sie stellen mir offene Fragen: «Du kommst, du gehst, du bist frei?» «Du sagst, was du denkst?» «Du bist nicht einverstanden mit deiner Regierung und kannst es auf der Straße hinausschreien?» «Für uns ist spontanes Reden ausgeschlossen, wir müssen immer korrektes Denken vortäuschen.» Abends in ihren Schlafräumen sehen diese Jungen und Mädchen im Fernsehen die Bilder aus dem Westen, die Streikenden und ihre Gewerkschaften, die Studenten und ihre Demonstrationen. Es war wohl die Absicht der Machthaber, den Westen in seiner Zerrüttung zu zeigen, aber für die Studenten war es praktischer Anschauungsunterricht in Auseinandersetzung und Widerstand. Heute denke ich an diese jungen Freunde, an ihre Spontaneität, ihre Respektlosigkeit gegenüber der Macht und vor allem an diesen anarchistischen Virus, den sie im Kontakt mit uns eingefangen haben. Was ist aus meinen Freunden geworden? Haben sie im befreienden Überschwang mitgeholfen, die Statue der Göttin der Demokratie zu bauen, Symbol ihrer zerbrochenen Träume? Haben sie das Blutbad auf dem Tian An Men überlebt?

Mit Sun, weit vom Tian An Men, spreche ich über diese Freiheit der Maler. Er unterbricht mich: «Marc, für uns junge Leute ist heute die Freiheit in der Liebe wichtiger, als die Freiheit zu malen.» – «Du meinst, daß ihr euch jetzt vor der Hochzeit lieben dürft?» Sun erschrickt und ärgert sich: «Nein! Nein! Die Freiheit, uns unsere Liebe zu sagen, ist uns zugestanden.» Und sein gutes Lachen verdeckt seine Scham. Und erst jetzt sehe ich alle diese Liebenden, die von weither gekommen sind, um auf diesen Berg, dieses chinesische Venedig, zu steigen. Im Nebel nähert sich uns ein roter Farbfleck: ein Paar auf der Hochzeitsreise. Die sehr schöne und sehr errötende junge Frau – lange Zöpfe und rosa Schirm – läßt sich fotografieren, nachdem ihr Mann zugestimmt hatte. Ich möchte von der Hochzeit hören. «Oh, das war vor über einem Jahr, am Tag danach fuhren wir jeder an seinen Arbeitsplatz, über 2000 km voneinander entfernt. Jetzt sehen wir uns zum ersten Mal wieder, für drei Tage.» Als Hochzeitsgeschenk überreiche ich ihnen ein Foto ihres Idols: Chou En-lai. Von Frankreich kennen sie drei Namen: Platini, de Gaulle und Napoleon.

Die glücklichen Paare wandern auf den Huang Shan, aber seine Abgründe ziehen auch die Liebenden an, die keine Hoffnung haben. Eine Statistik: 1987 36 Selbstmorde, darunter mehrere Paare. Sun betont, daß nicht der Berg mit seinen Nebeln dazu verleite, dem Lebensüberdruß nachzugeben. «Warum aber die Paare?» Eine große Liebe... und dann sind die Eltern dagegen, oder es findet sich keine Wohnung, sie können nicht heiraten. Ein trauriger Schwur keimt: den Huang Shan sehen und zusammen sterben. Selbstmord in China hat seine festen Gesetze. Ein Beispiel: Man öffnet sich die Pulsadern vor der Tür des Feindes, er trägt die Verantwortung für diesen Tod und kommt ins Gefängnis. Fordern die unglücklichen Paare, die sich hoch von der Himmlischen Stadt hinabstürzen, rächend den Himmel heraus, den sie verfluchen? Glücklicherweise werden in der Himmlischen Stadt auch andere Gelöbnisse besiegelt. Hunderte von Vorhängeschlössern hängen in den Gliedern der Kette, die den Abgrund sichert. Manchmal ist ein Stoffendchen hineingeknüpft, Rot für Glück, Weiß für Trauer. Zeugen für Liebesversprechen. Ich sah einen schönen und schwärmerischen Jungen allein absteigen, in der Tasche drückte er den billigen Schlüssel zu dem Schloß, das er eben angehängt hatte. Von Wind und Regen gepeitscht und vom Rost zerfressen, halten diese Schlösser doch jahrelang. Es tut gut zu sehen, wie diese Liebesschwüre den Stürmen besser standhalten als Maos Gedanken.

Auf dem Gipfel des Berges Blühender Lotos, einem schmalen Vorgebirge, das mit seinen 1873 Metern das ganze Massiv beherrscht, warten wir, bis es dunkel wird. Die letzten Wanderer steigen wieder ab. Ein Mann allein bleibt noch, städtische Schuhe, kleine schwarze Plastikmappe, Schreiber und Regenmantel des Pekinger Kaders. Sein Blick haftet irgendwo fern am Horizont, er sieht uns nicht. Ist er von der Schönheit gefangen oder von Kummer überwältigt? Sun und ich achten sein Schweigen und steigen ab. Er bleibt auf dem Vorgebirge, von Nebel und Dunkelheit umflossen. «Seltsamer Typ», sagt Sun. Wir sind beunruhigt, aber dann und wann hören wir seine Füße gegen Steine stoßen. Am nächsten Tag erfahren wir die Geschichte des Mannes mit dem Regenmantel. Die ganze Nacht irrte er umher auf der Suche nach einer Ruhestätte. Vor einem Jahr starb seine Frau an Krebs, und vorgestern teilte ein Kollege in der Pekinger Chemiefabrik ihm mit, daß sein einziger Sohn an der Grenze nach Vietnam getötet worden war. Seine Kameraden haben ihn geradewegs, ohne Papiere und Gepäck, an den Zug zum Huang Shan geleitet, als könnten nur die Nebel des Blühenden Lotos Balsam auf seine Wunden sein. Sun erzählt mir, es sei Tradition in China, daß ein Lebensmüder sich zuvor noch eine große Freude gestattet, etwa ein üppiges Mahl oder eine Reise zum Huang Shan. Heutzutage kann man sogar hoch auf dem Berg, wunderbar erhaben, ein nahezu üppiges Liebesmahl feiern. Männer und Frauen tragen auf ihren Rücken das chinesische Porzellan, Wein, Bier, Fische, Fleisch, Gemüse, Früchte und Süßigkeiten über mehr als 4000 Stufen hinauf zum Gasthof des Westlichen Meeres, 1200 m über dem Tal.

Gleich dem Maler und dem Dichter wurde am Huang Shan der Träger geadelt. Er hat immer und auf allen Wegen Vortritt. Nur er ist stolz genug, den Fotografen abzuweisen. Die Kunstfertigkeit, mit der er die buntest zusammengewürfelten Lasten verschnürt und ausbalanciert, ist sein beneidetes Geheimnis. Er bewegt sich im Rhythmus des biegsam schwingenden Bambus. Seine Last übersteigt oft sein eigenes Gewicht. Auch ermüdete Touristen trägt er auf Stühlen hinauf, irgendwelche Japaner oder Überseechinesen, für die dieses Mittel der Fortbewegung nur ein weiteres äußeres Zeichen ihres neuen Wohlstands ist. Der Berg widerhallt vom Gesang der Träger: «Ah...ih...oh..., ah...ih...oh...» – «Ein Kumpel hält Hochzeit, heut abend wollen wir trinken» – Rauhe Schreie und rhythmische Lieder, Marschlieder, erste vom Menschen erdachte Musik. Rhythmus und Singsang entstanden aus der Notwendigkeit, in harter Arbeit durchzuhalten. Der Berg klingt auch von den Hämmern der Steinhauer, ihr Meißel läßt den Granit springen und offenbart seine ursprüngliche rosenrote Farbe. Alle fünf Sinne werden hier beglückt. Michel Serres, kennen Sie den Huang Shan? Den Geruch der Kiefern, der welken Blätter und Blüten, des Mooses, der modrigen Flechten und vor allem der Feuer, deren Rauch an die Wolken rührt. Die Berührung auch mit den zärtlich glatten, wie eine Bronze gedunkelten

Felsen. Die Schmiegsamkeit der Sandale auf dem Stein, die Frische des feinen Regens auf dem Gesicht. Den Geschmack des Tees am Rastplatz, die Würze der dreihundert Heilpflanzen, deren sich der Berg der Maler rühmt.

Und endlich die Krönung des Huang, die Wolken und Nebel, die Augenfreude. Sie veredeln die Flächen und heben sie hervor, lassen Überflüssiges und Unordnung verschwinden. Mit einem genialen Pinselstrich der Natur lassen sie einen Schleier hinter einen Grat gleiten, und von dem Chaos des Berges sehen wir nur noch eine Kammlinie, den Umfang eines Felsens, die Silhouette einer Kiefer. Vor unseren Augen entsteht die Zeichnung. Vielleicht die schönste der Welt, für ein paar Sekunden. Ein Windstoß – und der Nebel verhüllt sie, läßt sie für immer verschwinden. Auf den Höhen ist der Wind König. Er befiehlt den Wolken, trägt sie hoch und stößt sie zurück, zieht sie herbei und treibt sie auseinander. Die Wolken gehorchen ihm und überlassen sich dem Spiel voller Überraschungen. Wir erwarten sie im Westen, sie tauchen im Osten auf; wir lauern auf sie über unseren Köpfen, sie umbranden unsere Füße. Sie haben ein närrisches Vergnügen daran, im Sturm die Hänge zu nehmen. Kaum haben sie die Paßhöhe erreicht, strömen sie als ungeheure Flut in das nächste Tal und überschwemmen es ganz. So entsteht das Nördliche Meer, berühmt unter den Wolkenmeeren des Huang Shan. Getreu den Gesetzen dieses Elementes tauchen im Rhythmus der Gezeiten Riffe, Inseln und Halbinseln auf. In der kurzen abendlichen Windstille, am Rand des Wassers, entdeckt der Dichter Ufer und Buchten. Plötzlich jagt ein Windstoß Dampffluten auf. Ein Fels hält dem Ansturm der Wogen stand. Gepeitscht vom blauen Gischt, bewegt er sich vorwärts, durchschneidet wie das trunkene Schiff mit seinem Bug Strömung und Brandung. Untergetaucht, verschluckt, ein Schiffbrüchiger der Nebel, verschwindet er, um wieder aufzutauchen, stolz, aber unaufhörlich von der Dünung hin- und hergeschleudert. Ich liege auf dem glatten Felsen des Westlichen Balkons, der Sturm hat den Himmel reingefegt, und ich entdecke neue Wolken, die mit Hingabe Mimikry spielen: Drachen und Reiter, Lianen und Algen, Tücher und Haartrachten verflechten, verwirren und entwirren sich. Alles ist Bewegung, Ausbruch, Licht, alles ist grau, grau-blau, weiß.

Die Sonne kommt hervor, und wir segnen sie, denn sie wärmt die Haut und trocknet die Kleider. Unser Körper jubelt ihr zu, aber wir verfluchen sie, denn sie vertreibt Geheimnis und Poesie. Unter ihren Strahlen verfällt die Landschaft dem schlechten Geschmack. Alle Schattierungen von Grau und Blau werden von lebhaften Rot- und Gelbtönen verdrängt, zur großen Freude der Postkartenliebhaber;

der Sonnenuntergang entschädigt sie. Der Sonnenaufgang dann über dem Wolkenmeer zwischen der Erhabenen Spitze und dem Berg Jetzt-glaube-ich-es krönt den Aufenthalt mit einer nicht mehr geschmacklosen, dafür aber bombastischen Note: Er gleicht einer majestätischen Ouvertüre für einen feierlichen Tagesanbruch mit großer Orgel. Und mit Chören, denn vielstimmiges Geschrei von allen Seiten begleitet die ersten Strahlen und wird vielfach vom Berg zurückgeworfen. Es sind die freudigen Rufe der chinesischen Touristen, die aus Nacht und Kälte, eingewickelt in ihre roten und blauen Steppdecken, von den Höhen der Vorgebirge des Nördlichen Meeres diesen begünstigten Augenblick begrüßen. Wirklich begünstigt, denn meist bleibt die Nebelwand undurchdringlich, und alles Warten vergeblich.

Wenn die Wolken sich zerstreuen, enthüllt die Sonne das Ausmaß des durch Verunreinigung angerichteten Schadens. In den chinesischen Städten wird dergleichen als Zeichen der Modernität und insofern mit Stolz gesehen. Tausende von Touristen hinterlassen in den Hohlwegen und zu Füßen der tausendjährigen Kiefern die Attribute der städtischen «Zivilisation»: Flaschen, Blech und Plastik in allen Farben. Ohne es eigentlich zu wissen, entheiligen sie so den Gegenstand ihrer Inbrunst. Zum Glück deckt der Nebel, der den Berg erst zu dem macht, was er ist, die Täler oft mit einem sittsamen Schleier und läßt den Schmutz verschwinden.

Warum zieht dieser Berg mehr als irgendein anderer so viele Männer und Frauen jeglichen Alters und aus allen Landesteilen an? Der Chinese, der sich in den Städten und sogar auf dem Land dem Druck der anonymen Menge beugt, entdeckt gegenüber den Gipfeln und Nebeln für sich eine neue Individualität. Hier wie nirgends sonst in China bin ich keinem Kollektiv begegnet, sondern Individuen. Und wenn dieser Ort seit so langer Zeit Dichter und Maler beflügelt hat, so nicht nur, weil die Nebel die Landschaft in ihrer ganzen Pracht rein und deutlich erkennen lassen; sie tauchen auch den, der sich von ihnen überfluten und emportragen läßt, in einen Wohlklang und ein Geheimnis, das der Maler-Gelehrte Wang Wei, Meister des Chang zur Zeit der Tang-Dynastie, den «inneren Widerhall» nennt. Wer hat nicht auf dem Gipfel der Himmlischen Stadt, das Gesicht vom Wind gepeitscht, angesichts der schönsten Landschaft der Welt diesen seltsamen Widerhall empfunden und zugleich die unwiderstehliche Lust, den Lobgesang auf die Nebel anzustimmen?

MARC RIBOUD

Liebhaber der chinesischen Malerei wissen, daß der Huang Shan weit entfernt und etwas ganz anderes ist als die Zuckerhüte von Guilin, aber die Touristen aus dem Westen wissen es oft nicht. Bester Ausgangspunkt für eine Reise zum Huang ist Hangzhou, 45 Flugminuten von Shanghai. Sechs Stunden im Taxi oder zehn Stunden Busfahrt führen von Hangzhou zum Fuß des Berges. Die Straße (280 km) ist gut, und der letzte Teil der Strecke entlang den Städten und Dörfern aus der Ming-Zeit, die seit dem 14. Jahrhundert intakt geblieben sind, ist sehr schön. Unter anderem sei SheXian besonders empfohlen. Übernachtung in bequemem Hotel in 630 m Höhe am Ort «Heiße Quellen». Am nächsten Morgen 8 km Strasse bis zur Seilbahnstation (890 m), von den Japanern 1987 gebaut. Mit ihr in 12 Minuten auf 1810 m, von dort eine halbe Stunde Fußweg zum Hotel der Nördlichen Meere, wenig weiter zum Hotel der Westlichen Meere (siehe Foto gegenüber), 1969 von schwedischem Unternehmen gebaut und von einer Gesellschaft in Hongkong geführt. Bis 1988 waren die Unterkunftsbedingungen am Huang Shan spartanisch: unheizbare Schlafräume oder Zimmer, häufig ohne Wasser. Heute ist dies Hotel der Westlichen Meere mit seinen modernen heizbaren 170 Zimmern (70 Dollars die Nacht), dem Staubecken, das das ganze Jahr über Wasser garantiert, seiner Auswahl an Weinen und seinen Hostessen (jungen Bergbewohnerinnen im Kostüm galanter Chinesinnen zu Beginn des Jahrhunderts) eine unerwartete Überraschung für den erschöpften Wanderer. Von hier führen die berühmten steinernen Wege und Treppen zu den Spitzen, Vorgebirgen und Pässen (Wanderstrecken von einer halben Stunde bis zu 3 bis 4 Stunden). Führer und Träger stehen zur Verfügung. Auf dem Rückweg ins Tal ermöglicht den besonders Mutigen ein Abstecher über das Hotel des Jadewandschirm (wenig Komfort) die Besteigung der beiden höchsten und schönsten Gipfel: Blühender Lotos (1873 m) und Himmlische Stadt (1829 m).

Gute Sportschuhe, Regenschirm, leichter Regenmantel werden empfohlen, auch ein Vorrat «Studentenfutter» sollte mitgenommen werden.

Die beste Zeit für die Nebel ist der Herbst. Auch das Frühjahr ist günstig. Mit Frost muß ab November gerechnet werden, im März kann es noch schneien.

Ab 1990 sind regelmäßige Flüge von Peking, Shanghai und Hongkong aus vorgesehen; damit kann die kleine Stadt Tun Xi, 75 km vom Huang Shan, erreicht werden. Wer morgens Hongkong verläßt, wird am selben Abend im Hotel der Westlichen Meere schlafen können.

HUANG SHAN

HUANG SHAN